الجَريئةُ

صورة الغلاف :

رسم «ماري بِتي» ، للفنان الإسباني : «كارلوس مرينوس» «Carlos Marinas» .

الدكتور سلطان بن محمد القاسمي

الجَريئة

منشورات
القاسمي
AL QASIMI
PUBLICATIONS

العنوان: الجريئة

اسم المؤلف: الدكتور سلطان بن محمد القاسمي (الإمارات)

اسم الناشر: منشورات القاسمي، الشارقة ، الإمارات العربية المتحدة

سنة الطبع: ١٤٤٤هـ- ٢٠٢٢م

©حقوق الطبع والنشر محفوظة

*

الفهرسة الوصفية أثناء النشر: مكتبة الشارقة ، إدارة المكتبات ، هيئة الشارقة للكتاب،

الشارقة ، الإمارات العربية المتحدة

٩٤٤

ق.س.م

القاسمي، سلطان بن محمد بن صقر، حاكم الشارقة، ١٩٣٩م-

الجريئة / سلطان بن محمد بن صقر القاسمي. - الشارقة، الإمارات

العربية المتحدة : منشورات القاسمي، ٢٠٢٢م.

٨٤ ص. ؛ ١٣ X ١٩ سم

ردمك : ٩٧٨٩٩٤٨٨١٠٣٢٢

١- فرنسا – تاريخ ٢- فرنسا – العلاقات الخارجية ٣ – ماري بتي

٤- القصص التاريخية أ – العنوان.

*

الترقيم الدولي : ٢-٣٢-٨١٠-٩٩٤٨-٩٧٨

*

إذن طباعة رقم ٤٢٠١٧٤٧-٠١-٠٣-MC بتاريخ ٢٠٢٢/٩/١٩م،

مكتب تنظيم الإعلام ، وزارة الثقافة والشباب ، الإمارات العربية المتحدة

الطباعة : AL Bony Printing Press- Sharjah، UAE

الفئة العمرية : E

*

التوزيع: منشورات القاسمي

ص.ب : ٦٤٠٠٩ الشارقة ، الإمارات العربية المتحدة

هاتف: ٠٠٩٧١٦٥٠٩٠٠٠٠، براق: ٠٠٩٧١٦٥٥٢٠٠٧٠،

البريد الإلكتروني : info@aqp.ae

المحتويات

المقدمة

الجريئة ، هي رواية حقيقيّة موثقة ، توثيقاً محكماً ، وهي تروي أحداث «ماري بِتي» والبعثة الدبلوماسية الفرنسية إلى فارس .

تبدأ هذه الرواية ، عندما رغب ملك فارس إقامة حلف مع فرنسا ، لاحتلال مسقط من قبل الفرس ومساعدة الفرنسيين لهم[1] ، حيث سيطر

---

(١) اقرأ العلاقات العمانية الفرنسية 1715م – 1905م ، للمؤلف ، دار الغرير للطباعة والنشر ، دبي ، الإمارات العربية المتحدة ، 1993م .

العمانيون على جميع البحار المحيطة بفارس ،
كما رغب ملك فرنسا أن تكون للفرنسيين تجارة
مع فارس مثل الهولنديين والبريطانيين .

جرت الترتيبات لإرسال فرنسا بعثة
دبلوماسية إلى فارس . وبعد أن ذهبت البعثة
الدبلوماسية الفرنسية إلى أصفهان عاصمة الدولة
الفارسية ، انتهت بالفشل ، أما «ماري بِتي»
فقد كانت نهايتها بين السجن والمحاكمة .

المؤلف

١

البعثة الدبلوماسية الفرنسية إلى فارس

في عام ١٧٠٢م ، حضر «جين بابتيست فابر» «Jean – Baptiste Fabre» إلى باريس قادماً من إسطنبول من أجل أعمال كانت لديه في بلاط الملك «لويس الرابع عشر» «Louis XIV» .

كان السيد «فابر» يعيش في منزل مجاور للسفارة الفرنسية في إسطنبول ، وقد ترك زوجته «آن كاتارو» «Anne Cataro» وأولاده

الثلاثة لدى السفير الفرنسي في إسطنبول ،
«دي فيريول» «De Ferriol» .

كان السيد «فابر» يُعرف بأنه تاجرٌ من
«مرسيليا» منذ صغره ، ومن عائلة تعمل في
التجارة في «مرسيليا» «Marseille» ، وفي عام
١٦٧٥م ، كان يتولّى إدارة محطة تجارية في
إسطنبول ، وقد تمّ انتخابه مندوباً عن الأمة
الفرنسية في تركيا .

أقام السيد «فابر» في باريس ، في بيت قريب
من سكن «ماري كلود بِتي» «Marie Claude Petit» ،
والبالغة الثامنة والعشرين من العمر ، وهي ابنة
سيدة غسّالة ، وكانت تدير صالة للقمار في
شارع «مازارين» «Mazarine» .

تعرّف السيد «فابر» على «ماري بِتي» ، فوجدته

شخصاً ثقة ، فأخذ يتردد على صالة القمار كلما سمحت له ظروف عمله ، ليلعب القمار أحياناً .

كانت الحكومة الفرنسية تبحث عن شخص ذي صفات دبلوماسية ، ويتكلم اللغات الشرقية ليقود البعثة الدبلوماسية الفرنسية إلى فارس . علم السيد «فابر» بطلب الحكومة الفرنسية ، فأخذ يتحدث عن معرفته ببلدان المشرق ، وتحدثه بطلاقة للغات المشرق ، وكان مبالغاً جداً في ذلك ، فوصل ذلك الخبر إلى الحكومة الفرنسية .

في شهر يناير عام ١٧٠٣م ، تمّ اختيار السيد «فابر» ، وتكليفه بتلك المهمة ، فقد عُيّن من قبل ملك فرنسا «لويس الرابع عشر» ، ليكون سفيراً عند الملك الفارسي شاه سلطان حسين .

لو تمّ الاستفسار من السفير الفرنسي في إسطنبول ، «دي فيريول» حول تعيين السيد «فابر» لقال إنه لا يصلح أن يكون سفيراً ، وكان قد رشح شخصاً آخر .

في العام ١٧٠٣م ، تمّ الإعداد للبعثة الدبلوماسية ، ودراسة كل الاحتياجات لتلك البعثة بعناية فائقة ، وتمّ وضع خدم للسفير «فابر» وكذلك حاشية ، فصار غير قادر على دفع ثمن طعامه ، وطعام خدمه وحاشيته .

لجأ السيد «فابر» إلى «ماري بِتي» ، وأبلغها بالحالة السيئة التي كان فيها ، واسترحمها استرحاماً شديداً لتقدّم العون في احتياجاته الملحّة ، لدرجة أنها لم تستطع أن ترفض ذلك الطلب ، ولا سيما أنها كانت تعتبر أن شخصاً

حصل من ملك فرنسا على شرف أن يكون سفيراً ، لن تكون لديه أيّ مشكلة في رد المال إليها .

قدمت «ماري بِتي» المال اللازم للسفير «فابر» ، وأخذ المبلغ يزداد حتى بلغ ثمانية آلاف ليرة فرنسية[1] ، وقد وقّع اعترافاً بأن يدفع للسيدة «ماري بِتي» ثمانية آلاف ليرة فرنسية من مرتبه .

في شهر نوفمبر عام ١٧٠٣م ، استلم السفير «فابر» مرتبه وقدره ألف وخمسمائة ليرة فرنسية من قبل الملك ، وتمّ إعداد هدايا الملك «لويس الرابع عشر» للشاه سلطان حسين ملك فارس ، وكانت كالتالي :

______

(١) الليرة الفرنسية : «livre Francaise» هي ليرة ذهبية فرنسية ، كانت عملة مملكة فرنسا من عام 781م إلى عام 1794م .

ثلاثاً وثلاثين ساعة جيب ، وست ساعات حائط ، وعشرين صندوق فواكه مسكرة مغربية ، وسجادة واحدة مطرزة ، وأربعة مدافع صغيرة ، وبندقية واحدة قديمة الطراز ، ومسدسين ، وفانوساً سحرياً واحداً ، ووسام الملك «لويس الرابع عشر» كتب باللغة الفارسية .

توقّعت «ماري بِتي» أن تستلم من السفير «فابر» المال الذي اقترضه منها قبل أن يغادر باريس ، ولكن خدعتها آمالها ، فمهما فعلت لتحصل على القرض الذي قدمته له ، فقد كان من المستحيل لها أن تسترد ليرة واحدة منه .

قال السيد «فابر» «لماري بِتي» بأن تذهب إلى «ليون» «Lyon» وهناك ستحصل على أموالها فيها . كانت «ماري بِتي» تتوسل للسيد «فابر»

بأن يدفع لها مالها ، وهي ذاهبة إلى «مولين» «Moulins» لتزور والدتها ، لكن السيد «فابر» كان على وشك المغادرة إلى «ليون» ، وذهبت هي إلى «مولين» ، ومن «ليون» كتب السيد «فابر» رسالة لماري بِتي» بأنه لا يمكنه أن يسدد الدّيْن لها .

تلك الأخبار جعلتها تقرر أن تذهب مباشرة إلى «ليون» وهي تبعد عن «مولين» مسافة مائة وتسعين كيلومتراً ، وما إن وصلت إلى هناك ، حثته على رد مالها ، ولكن كان الأمر بلا فائدة ، فقد أخبرها السيد «فابر» بأن المال الخاص به لدى تجار «مرسيليا» ووعدها بأنها ستحصل في «مرسيليا» على أموالها .

ذهبت «ماري بِتي» إلى «مرسيليا» وأقامت في فنــدق «دي ليــون» «De Lyon» في شــارع رومــا ،

أما السفير «فابر» فقد نزل في قصر الملك ، المبنى الرسمي للدولة في مرسيليا . سألت «ماري بِتي» عن السفير «فابر» في القصر الملكي ، فقيل لها بأنه ذهب مع الحاشية إلى ميناء «تولون» «Toulon» ، وهي إلى الشرق من «مرسيليا» وتبعد عنها مسافة ستين كيلومتراً ، فتوجهت «ماري بِتي» إلى هناك .

في ميناء «تولون» كانت السفينة الملكية «ترايدنت» «Trident» بقيادة «أم.دي تورجس» «M.de Turgis» تحمل على متنها السيد «فابر» ، وحاشيته الكبيرة المكونة من خمسين شخصاً ، وكذلك المرافقين للسفير ، فمنهم ابن أخيه «جاك فابر» «Jacques Fabre» والطبيب «لويس روبن» «Louis Robin» .

على رصيف ميناء «تولون» وصلت

«ماري بِتي» ، تسأل عن السفير «فابر» ، فقابلت هناك السيد «دو هامل» «Du Hamel» كبير الخدم التابع للسفير «فابر» ، فهي تعرفه ، فقد قابلته في «ليون» عند مقابلة السفير «فابر» . أجاب «دو هامل» بأن السفير موجود على متن السفينة «ترايدنت» .

طلبت «ماري بِتي» من «دو هامل» أن يخبر السفير «فابر» بأن يدفع الدَّيْن الذي عليه حسب ما وعدها بأنـه سيدفعـه في «مرسيليا» . قال «دو هامل» بأنه سيسأل السفير عن ذلك .

بعد برهة رجع «دو هامل» إلى «ماري بِتي» قائلاً إن السفير يقول إن الأموال موجودة في حلب ، وإنه سيدفعها من هناك . كان طريق البعثة إلى فارس ، قد تقرر أن يكون من خلال

طريق الخط التجاري ، من حلب إلى العراق ومن ثمّ إلى فارس .

هذه المرأة التي أصبحت بعيدة جداً عن بلدها ، فقد سافرت لمسافة ثلاثمائة كيلومترا من باريس إلى «مولين» ، ثمّ لاحقته لمسافة مائة وتسعين كيلومتراً ، من «مولين» إلى «ليون» ، وبعد أن وعدها بدفع الدّيْن في «مرسيليا» لحقته إلى هناك بعد أن سافرت لمسافة ثلاثمائة وثلاثة عشر كيلومتراً ، فلم تجده ، فقيل لها إنه في «تولون» على بعد ستين كيلومتراً من «مرسيليا» .

في «تولون» اختفى المدين كالسراب ، وقيل لها إن الأموال في حلب . تخشى «ماري بِتي» أنها ستفقد ذلك المبلغ الذي هو بقيمة ثمانية

آلاف ليرة فرنسية ، إن هي عادت إلى بلدها ، لذلك قررت أن تلاحق المدين لها إلى حلب .

في الثاني من شهر مارس عام ١٧٠٥م ، غادرت السفينة «ترايدنت» ميناء «تولون» ، ووجهتها ميناء الإسكندرونة ، تحرسها سفينتان حربيتان تابعتان لملك فرنسا ، لحماية البعثة ، لأن البحر الأبيض المتوسط لم يكن آمناً في تلك الفترة .

بينما السفن تمخر عباب البحر ، برز من بين ركاب السفينة فارس شاب ، ذو قسمات لطيفة ، ملفتاً للنظر ، وتبعه مرافقه ، فتساءلت الحاشية قائلة : «علّه أحد أقرباء السفير» ، وتساءل المرافقون للسفير قائلين : «علّه أحد ضباط الحاشية» .

عندما أصبحت السفينة «ترايدنت» في

البحر المفتوح ، أتتها ريح شديدة ، حركتها يميناً ويساراً ، فتعثر الشابان ، ووقعا على سطح السفينة ، وعندها نهض ذلك الشاب ذو القسمات اللطيفة ، كانت قبعته قد سقطت من على رأسه .

وقف ذلك الشاب ، وأخذ يصلح ملابسه ، وإذا بذلك الشعر الخمري منسدلاً على كتفيه ، فنظر إلى من حوله ، وإذا بأعداد من الحاشية ، والبحارة والمرافقين للسفير ينظرون فاغرين أفواههم ، تعجباً ! إنها «ماري بِتي» متنكرة في زيّ الرجال ، نظرت إلى مرافقها ، وإذا بشعر المرافق كذلك قد انسدل على كتفيه ، وبانت امرأة متنكرة كذلك في زيّ الرجال .

لم تتردد «ماري بِتي» من أن تختلق كلاماً ،

ينقذها من ذلك الموقف ؛ فبعد أن صعّرت خدها للمتحلقين حولها قالت : «أنا زوجة «دو هامل» كبير الخدم لدى السفير «فابر» ، وهذه وصيفتي «مانون» «Manon»» .

أسرع «دو هامل» كبير الخدم إلى السفير «فابر» وأخبره بما حدث ، فحضر السفير «فابر» ، واصطحب «ماري بِتي» ووصيفتها «مانون» إلى غرفته ، وهناك قال لها : إن توقفت عن المطالبة بالدّيْن ، سأوافق أن تكوني حاملة اسم «دو هامل» . وافقت «ماري بِتي» على ذلك العرض ، وطوال تلك الرحلة كانت «ماري بِتي» متخفية باسم مستعار ، «السيدة دو هامل» .

٢

وفاة السفير «فابر»

كان عبور البحر الأبيض المتوسط من «تولون» إلى الإسكندرونة ، قد استغرق ستة أسابيع ، فقد وصلت السفن الملكية إلى ميناء الإسكندرونة في اليوم الثامن من شهر إبريل عام ١٧٠٥م .

استقبل الآغا ، الحاكم التركي لميناء الإسكندرونة ، السفير «فابر» ومرافقيه ، وزوّدهم بالخيول والبغال ، وقد كتب الآغا رسالة خاصة

لمراكز المراقبة على الطريق إلى حلب ، بتسهيل مرور البعثة الدبلوماسية الفرنسية ، وفي الثالث عشر من شهر إبريل عام ١٧٠٥م ، توجّهت البعثة الدبلوماسية الفرنسية إلى مدينة حلب .

كان قائد السفينة الملكية «ترايدنت» ، «أم.دي تورجس» قد شاهد القافلة التي تقلّ البعثة الفرنسية ، في طريقها إلى حلب ، وهي تمرّ بالقرب من ميناء الإسكندرونة ، فأمر السفن الحربية المرافقة له ، أن تتتبعه بعد أن رفع مراسي السفينة الملكية «ترايدنت» وتوجّه إلى فرنسا .

في السابع عشر من شهر إبريل عام ١٧٠٥م ، وصلت القافلة إلى حلب . كانت السيدة «دو هامـل» ، زوجـة كبـير الخدم ، أي «ماري بِتي» ، تتتجوّل في مدينة حلب ، دون أن

تغطي وجهها حسب التعليمات العثمانية ، ممّا أثار شباب مدينة حلب لمتابعتها والتغزّل بجمالها ، وهي تقابل كبار الشخصيات في مدينة حلب .

قام الحاكم التركي لمدينة حلب ، وكذلك رجال الدين المسيحي في حلب ، بالتدخّل بمنع السيدة «دو هامل» من تلك التصرفات . التجأت السيدة «دو هامل» أي «ماري بِتي» إلى السيد «فابر» ليقف إلى جانبها ، وهناك جعلها السفـير «فابر» أن تقرضه ألفي ليرة فرنسية .

قالت «ماري بِتي» : ليصبح الدّيْن عشرة آلاف ليرة فرنسية ، على أن يعوض ذلك الدّيْن برمّته ، لكن السفير «فابر» أصرّ على أن المبلغ يسلّم للمستشار القانوني للقنصلية الفرنسية في حلب ، السيد «بلانك» «Blanc» .

قام القنصل الفرنسي في حلب ، والذي ينفذ تعليمات السفير الفرنسي في إسطنبول «دي فيريول» بتحريض السلطات التركية بمنع مواصلة البعثة الفرنسية لفارس سيرها إلى العراق ومن ثمّ إلى فارس .

كان السفير الفرنسي في إسطنبول ، «دي فيريول» يحاول إعادة البعثة الفرنسية بقيادة السفير «فابر» إلى فرنسا ، فهو يعرف السيد «فابر» حق المعرفة وأنه لا يصلح أن يكون سفيراً ، كما كان السفير «دي فيريول» هو الذي قام بالترتيبات مع السلطات الفارسية لإرسال بعثة من فرنسا إلى فارس .

كان الوزير الأول في الحكومة التركية ، يعارض مرور ذلك العدد الكبير من الفرنسيين

إلى فارس من خلال الأراضي التركية ، فكتب «دي فيريول» إلى «فرساي» «Versailles» قائلاً :

«إن الحكومة التركية تمانع مواصلة البعثة الفرنسية إلى فارس» .

كان الملك «لويس الرابع عشر» يصرّ على مواصلة البعثة ، والسفير الفرنسي «دي فيريول» لـدى تركيا يتجاهل ذلك ، ويحاول إفشال البعثة .

كان السفير «فابر» مجبراً على العودة بالقافلة إلى الإسكنـدرونة مع كل فرقته وحاشيته ، ثمّ قام واستأجر سفينة تنقله إلى قبرص ، هو و«ماري بِتي» وابن أخيه «جاك فابر» وسكرتيره السيد «بيير دوبيس» «Pierre Dubies» وخدمه وحاشيته وهدايا ملك فرنسا لشاه فارس .

من قبرص انتقلوا إلى جزيرة «رودس»

«Rhodes» ، والواقعة شرقي «أرخبيل» «Archipel» بحر «إيجة» «Aegean» ، ومن ثمّ وصلوا إلى «ساموس» «Samos» ، وهي إلى الشمال من جزيرة «رودس» ، وإلى الشرق من «أرخبيل» بحر «إيجة» ، حيث أمر ابن أخيه «جاك فابر» ، وسكرتيره «دوبيس» وكل خدمه وحاشيته بالبقاء هناك في «ساموس» مع هدايا الملك ، وانتظار أخباره من إسطنبول التي كان سيذهب إليها مع «ماري بِتي» واثنين من خدمه .

وصل السفير الفرنسي «فابر» ومعه «ماري بِتي» إلى إسطنبول ، ونزل في منزل السفير الفارسي في إسطنبول ، الذي كان يوشك أن يغادر إلى أصفهان ، وأقام لديه مدة خمسة وثلاثين يوماً متخفّياً بلباس جورجي ، وبعيداً عن معرفة الدائنين في إسطنبول .

أما «ماري بِتي» ، فقد أنزلها السفير «فابر» في منزل أحد أصدقائه الأرمنيين ويدعى «بارون سوفر» «Baron Sufer» ، وكانت ترتدي اللباس الجورجي في خروجها لقضاء حاجاتها في إسطنبول .

كان رئيس الوزراء التركي متردّداً في بادئ الأمر بمنح البعثة الفرنسية إلى فارس المرور بالأراضي التابعة لتركيا ، وما ستجنيه فارس من العلاقة التجارية بين فارس وفرنسا ، وكل ذلك كان من تدبير السفير الفرنسي في إسطنبول «دي فيريول» .

أخيراً وتحت إلحاح من زوجة السفير الفرنسي «فابر» «آن كاتارو» وافق الديوان التركي أن يمنح البعثة الفرنسية والسفير «فابر» و«ماري بِتي» ومرافقيه وكذلك بقية البعثة المتواجدة في

جزيرة «ساموس» المرور عبر الأراضي التركية إلى فارس .

من إسطنبول كتب السفير «فابر» إلى سكرتيره «دوبيس» في جزيرة «ساموس» يخبره فيها أنه سيذهب متخفّياً إلى فارس مرافقاً للسفير الفارسي ، وقد حمل تلك الرسالة والتصريح من قبل رئيس الوزراء التركي بالمرور عبر الأراضي التركية للبعثة الفرنسية إلى فارس ، صديق السفير «فابر» الأرمني «سوفر» ، الذي أبحر بسفينة إلى جزيرة «ساموس» ، وطلب السفير «فابر» منهم أن تبحر تلك البعثة إلى إزمير[1] ، ومنها إلى الحدود الفارسية .

سافر السفير «فابر» و«ماري بِتي» مع السفير

____

(١) إزمير : الاسم الجديد «لسميرنا» «Smyrna» .

الفارسي لدى تركيا ، تاركاً السفير الفرنسي «دي فيريول» بتهديده ووعيده بإرسال السيد «فابر» إلى فرنسا ، لكن «فابر» السفير قد رحل إلى فارس .

بعد سبعين يوماً في الطريق ، وفي شهر يناير عام ١٧٠٦م ، وصل السفير «فابر» و«ماري بِتي» إلى مدينة «يريفان» «Yerevan» المدينة الأرمنية المحتلة من قبل فارس .

في الطريق ما بين إسطنبول و«يريفان» اقترض السفير «فابر» أربعة آلاف ومائتي ليرة فرنسية لمصاريف السفر ، وبذلك يصبح دَيْن «ماري بِتي» اثنتي عشر ألف ومائتي ليرة فرنسية ، وكتب السفير «فابر» سنداً بذلك المبلغ «الماري بِتي» .

تمّ استقبال السفير الفرنسي «فابر» والسيدة

«دو هامل» (ماري بِتي) وكبير خدم السفير الفرنسي ، «دو هامل» ، ومساعده من قبل الحاكم الفارسي لمدينة «يريفان» ، ويطلق عليه «خان يريفان»[1] ، محمد خان ، الذي أرسل رسالة إلى أصفهان يخبر الحكومة الفارسية بوصول السفير الفرنسي «فابر» إلى «يريفان» ، ويطلب من الحكومة الفارسية التعليمات بخصوصه ، وقد أسكنهما خان «يريفان» في بيت يملكه في «يريفان» .

وصل السيد «سوفر» الأرمني إلى جزيرة «ساموس» لنقل البعثة إلى إزمير ، لكن السلطات في جزيرة «ساموس» رفضت خروج الهدايا الثمينة دون تصريح من السلطات في العاصمة «أثينا» ، حيث إن جزيرة «ساموس» تتّبع السلطات اليونانية ،

---

(١) خان : كلمة فارسية تعني رئيساً أو أميراً .

فانتقلت البعثة مع «سوفر» إلى «أثينا» ، ومعهم مسؤولون من جزيرة «ساموس» .

رست البعثة في ميناء «رافينا» «Rafina» ، والتي تبعد عن «أثينا» ثمانية وعشرين كيلومتراً ، وإلى الشرق منها . لم ينجح «سوفر» في «أثينا» ، ولذلك بعث برسالة إلى «جوزيف فابر» «Joseph Fabre» ابن السفير «فابر» في إسطنبول يطلب منه مساعدته لإنهاء احتجاز البعثة .

كانت والدة «جوزيف فابر» ، السيدة «آن كاتارو» لها علاقات دبلوماسية مع كثير من السفراء ، مكّنتها أن تزود ابنها برسائل إلى الحكومة اليونانية لإنهاء احتجاز البعثة . سافر «جوزيف فابر» إلى «رافينا» ، وأنهى مسألة احتجاز البعثة .

سافرت السفينة من ميناء «رافينا» إلى ميناء إزمير وعلى ظهرها البعثة الفرنسية ، ومعهم «جوزيف فابر» وابن عمه «جاك فابر» و«سوفر» الأرمني وهدايا ملك فرنسا والحاشية . ومن إزمير سلكوا الطريق البري إلى «يريفان» على الحدود الفارسية .

كان السفير «فابر» مغروراً بأهميته ، فسأل محمد خان ، خان «يريفان» ، أن يمنحه ستمائة ليرة فرنسية يومياً ، وهو المبلغ الذي يقدر بعشر مرات ما يصرف لشخص مثله يومياً ، كما طلب السفير «فابر» من محمد خان مائة ليرة فرنسية يومياً «لماري بِتي» على أنها مبعوثة الأميرات الفرنساويات .

وصل الأمر من البلاط الفارسي في أصفهان

لحاكم «يريفان» بالسماح للبعثة الفرنسية بالتوجه إلى أصفهان ، فكان رد السفير الفرنسي «فابر» ، أنه سينتظر وصول هدايا الملك «لويس الرابع عشر» ، لملك فارس ، شاه سلطان حسين .

سقط السفير «فابر» مريضاً بالحمى ، وكان طريح الفراش ، فقام محمد خان الحاكم الفارسي «ليريفان» و«ماري بِتي» بإخراج السفير «فابر» وهو يعاني من شدة الحمى معهما في رحلة صيد ، خارج مدينة «يريفان» حتى إذا ما عادوا إلى مقرّ إقامته اشتدّ عليه المرض وفارق الحياة في السادس عشر من شهر أغسطس عام ١٧٠٦م .

٣

«ماري بِتي» سيدة الموقف

بعد وفاة السفير «فابر» ، دُعي قاضي «يريفان» ،
بناء على طلب «ماري بِتي» ، ليعدّ قائمة جرد بكل
ما يخصّ الراحل «فابر» ، من أشياء وملابس ،
وكل ما يخص «ماري بِتي» ، ويخصّ كل من كان
في تلك البعثة ، وخدم السفير «فابر» . أُرسلت
قائمة الجرد إلى «ماري بِتي» ، وسُلّم كل ما يخص
«فابر» الراحل لديوان الخان في «يريفان» .

وصلت البعثة الفرنسية القادمة من إزمير إلى مدينة «يريفان» ، حاملة هدايا ملك فرنسا ، بقيادة «جوزيف فابر» ابن السفير «فابر» وابن أخيه «جاك فابر» و«سوفر» الأرمني ، والحاشية .

قام خان «يريفان» وأمر القائم على ديوان الخان ، أن يسلم كل ما يخص الراحل «فابر» «لجوزيف فابر» ، ابن السفير «فابر» الراحل .

أمام ذلك الحشد من الفرنسيين ، كان الحزن الشديد بادياً على رئيس الخدم للسفير «فابر» «دو هامل» زوج «ماري بِتي» المزيف ، ولما سمعه من إشاعات حول «ماري بِتي» وخان «يريفان» بأنهما هما اللذان وضعا السم «لفابر» الراحل ، حيث قال لـ«ماري بِتي» : «أنت عاهرة» .

طلبت «ماري بِتي» من خان «يريفان» أن

يعاقب «دو هامل» ، فألقي القبض عليه وأودع السجن .

ما إن انتهت الإجراءات ، حتى كتب خان «يريفان» إلى ملك فارس ليعلمه بموت «فابر» ، وفي الوقت نفسه أبلغ خان «يريفان» «ماري بِتي» وكل الفرنسيين بأن يذهبوا إلى «كاناكير» «Kanaker» ، وهي بلدة صغيرة إلى الشمال من «يريفان» ، وتبعد عنها مسافة أحد عشر كيلومتراً ، حيث كان خان «يريفان» قد أمر بإنزالهم في بيت أطلق عليه بيت الفرنسيين التابع للقنصلية الفرنسية في «يريفان» .

امتثل جميع أعضاء البعثة الفرنسية مباشرة ، وفي يوم كانوا يجلسون على طاولة ، أحضرت امرأة سلّة فواكه ، فقام الخادم «جوستنياني»

«Justiniani» وقـدّم سلّـة الفواكـه إلى «جوزيف فابر» ، والذي أخذ منها ما شاء ، ثمّ قام الخادم «جوستنياني» ووضع السلة بعيداً .

أرادت «ماري بِتي» أن تمنع ذلك الأمر والذي لم توافق عليه ، فعارض إرادتها الخادم «جوستنياني» بفظاظة ، فقامت «ماري بِتي» وأخذت رمانة ورمتها على رأس ذلك الخادم ، الذي تفوّه بعدد من الإهانات لها .

سحب الخادم «جوستنياني» خنجراً ليطعنها ، ولكن مُنع من قبل الأشخاص الحاضرين . هرع الخادم إلى غرفته ليحضر مسدّساً ليطلق النار عليها ، ولكنه مُنع من جديد من فعل ذلك .

سبّب ذلك الفعل فوضى عارمة في بيت الفرنسيين ، وأعلن عن ذلك الأمر في بلدة

«كاناكير» ، ووصل خبر تلك الحادثة إلى مسامع خان «يريفان» ، والذي أمر ابنه ، وآخرين أن يذهبوا ويستعلموا عن الحقيقة وكل الملابسات .

علم ابن خان «يريفان» ومن كان معه سريعاً بالأمر ، وأبلغوا خان «يريفان» ، والذي طلب من «ماري بِتي» أن تحضر إلى «يريفان» ، وما إن وصلت ، ودّ الخان أن يعرف حقيقة الواقعة من «ماري بِتي» .

أرسل الخان إليها فجاءت أمام الحاضرين حيث قدمت رواية واقعية لما حدث بينها وبين الخادم المدعو «جوستنياني» . أرسل الخان «لجوستنياني» ، وبعد سماعه ، أمر أن يؤخذ إلى سجن «يريفان» ، حيث لم يكن لديه أي سبب جيد يبرّر التصرف الخاطئ الذي اتهم به ، والوقاحة التي ارتكبها في حقّ المرأة .

عـزم الفرنسيون المتواجدون في بلدة «كاناكير» ، اقتحام بوابات سجن «يريفان» ، وخطف «جوستنياني» من سجن «يريفان» .

في الساعة التاسعة مساءً وصل الفرنسيون إلى سجن «يريفان» ، يقودهم «جاك فابر» ابن أخ الراحل «فابر» و«سوفر» الأرمني الذي قاد البعثة من «ساموس» إلى «يريفان» ، وقد استخدموا كل أساليب العنف ، وأخرجوا الخادم «جوستنياني» وعادوا به إلى بيت الفرنسيين في بلدة «كاناكير» .

غضب خان «يريفان» غضباً شديداً ، وطلب من الفرنسيين إعادة السجين إلى سجن «يريفان» ، ولثلاث مرات بالمطالبة ، والفرنسيون يرفضون طلب الخان ، فأرسل بعد ذلك مائة رجل فارسي مسلَّح ، وأمر رئيسهم باعتقال «جوستنياني» .

قاوم الفرنسيون ، وحبسوا أنفسهم ، وهم مسلّحون جيّداً في شرفة ، ثم أطلقوا النيران دون توقّف على الفرس ، فقتلوا اثنين وجرحوا اثنين آخرين .

اغتاظ الجنود الفرس من الخسارة التي لحقت بهم ، فاقتحموا بيت الفرنسيين ، ونهبوه ، دون مراعاة لأيّ أحد ، ولا حتى «ماري بِتي» التي خسرت ما يعادل أكثر من ثمانمائة ليرة فرنسية من الممتلكات الشخصية .

قام الجنود الفرس باعتقال «جوستنياني» ، والعديد من الفرنسيين ، وجرّوهم إلى سجن «يريفان» . وكان من بينهم «جاك فابر» ابن أخ الراحل «فابر» . أسرعت «ماري بِتي» إلى خان «يريفــان» ، وحصلت مـنه على عفـو عـن

«جاك فابر» ، وأخرجته من السجن في اليوم التالي .

تمّ إعداد تقريرٍ من قبل ديوان حاكم «يريفان» عن موت الجنديين الفارسيين ، ثمّ أعدّت قائمة جرد بالهدايا والملابس التي أحضرها الفرنسيون الذين حضروا من «ساموس» ، وطُلب من «ماري بِتي» أن تقيّمها ، وأُعطي الخان عِلْماً بذلك ، كما علم الخان بأن الأب «دي مونيي» «De Mosnier» والذي كان قد حضر مع البعثة من «ساموس» ، هو سبب إطلاق النار ، فأمر الخان ، باعتقاله ، وإيداعه السجن .

بعـد يومـين من إخراج «جاك فابر» من السجن ، طلبت «ماري بِتي» مقابلة خان «يريفان» ، لتحاول تأمين إطلاق سراح كل

الفرنسيين السجناء ، وقد أعطت سرّاً مبلغ أربعة آلاف ليرة فرنسية لأولئك الذين لهم تأثير على الخان .

قدّمت نفسها بثقة ، واستمع إليها الخان ، وبعد العديد من التضرعات والاستعطافات وافق الخان على إطلاق سراح كل الفرنسيين ، إلّا الأب «دي مونيي» الذي أمر خان «يريفان» بقطع رأسه .

أدهش ذلك الأمر «ماري بِتي» بشدّة حتى أنها طلبت العفو بكل الخضوع الممكن ولكن خان «يريفان» رفض ذلك الطلب .

ركعــت «ماري بِتــي» عنــد قدمي خان «يريفان» ، لكنه رفض للمرة الثانية . أسرعت وأحضرت «جوزيف فابر» ابن الراحل السفير

«فابر» ، وكذلك ابن أخيه «جاك فابر» ، وكان الرفض للمرة الثالثة . كان الأمل ضئيلاً في إنقاذ «دي مونيي» ، فوقفت «ماري بِتي» فجأة ، وقالت لخان «يريفان» :

«إنها ستتبع الأب «دي مونيي» إلى المشنقة لتموت معه» .

كان خان «يريفان» رقيق الشعور تجاه تلك الكلمات الأخيرة ، ومنحها العفو الذي طلبته ، وألغى أمر الإعدام وأطلق سراحه . أحضر الأب «دي مونيي» أمام خان «يريفان» ، فقال له :

«إنه بفضل الأهمية التي نوليها «ماري بِتي» فقد أُلغي حكم إعدامك ، وإنه يجب عليك أن تعتبرها صاحبة الفضل عليك» .

لم تستطع «ماري بِتي» أن تحصل على

عفو من قبل خان «يريفان» للأرمنيين «سوفر» و«كوكوردولون» «Cocurdoulon» المواطن الأرمني الذي تعرف على «سوفر» في «يريفان» ، لأنهما اتهما بشهادة الفرنسيين في تقرير قاضي «يريفان» الرسمي ، ومهما حاولت استنقاذهما لم تستطع أن تمنع الحكم عليهما بالموت ، وقد حكم عليهما بالموت انتقاماً للجنديين الفارسيين اللذين قتلا في الهجوم على بيت الفرنسيين .

تمّ إعدام «سوفر» و«كوكوردولون» الأرمنيين أمام بيت الفرنسيين ، وعُلقت جثتاهما من عمودين ، لمدة يومين . أما الخادم «جوستنياني» فقد أعيد إلى السجن ، وبعد عدة أيام جاء خبره بأنه مات في السجن .

ما دامت «ماري بِتي» سيدة الموقف ، فقد

طالبت بإثبات ديونها لدى الراحل «فابر» ، فقد
تمّ إقرار ما طالبت به ، بعد سماع الشهود أمام
محكمة «يريفان» ، وأن تكون الأولوية «لماري بِتي»
على كل الدائنين الآخرين من ممتلكات الراحل
«فابر» .

٤
الصراع على السلطة بين
«ميشيل» و«ماري بِتي»

تلقّى خان «يريفان» جواباً على رسالته التي
كتبها إلى ملك فارس ، بعد وفاة «فابر» ، بخصوص
ما يريد فعله مع «ماري بِتي» ، و«جوزيف فابر»
ابن «فابر» الراحل .

قال ملك فارس بأنه يسعده أن يرى مثل تلك
المرأة الفرنسية التي نجحت في إحضار الراحل

«فابر» إلى فارس ، وأنه تلقّى الأخبار من سفيره لدى الباب العالي العثماني ، وأنه يمكنه أن يخبرها أنه يريدها أن تأتي إلى البلاط مع «فابر» الصغير ، وكل الفرنسيين .

أمر الملك الفارسي خان «يريفان» بأن يضع «ماري بِتي» وللمجموعة التي معها حراسة ، وأن يجعلها تحسب مبلغاً من المال لكل يوم ستصل فيه إلى البلدات والقرى التي ستمرّ بها .

عندما وصل خبر وفاة السفير الفرنسي «فابر» ، إلى «دي فيريول» السفير الفرنسي في إسطنبول ، اتّخذ قراره بدون الرجوع إلى فرنسا ، بأن يتولى أمر البعثة الفرنسية الموظف لديه ، السكرتير «Pierre Victor Michel» «بيير فكتور ميشيل» ، صاحب السمعة السيئة لدى موظفي السفارة

الفرنسية في إسطنبول ، وأن يرسل «ماري بِتي» إلى فرنسا .

كان «ميشيل» شاباً في الثامنة والعشرين من عمره ، وأصوله من «مرسيليا» ، وكان مخلصاً للسيد «دي فيريول» ، السفير الفرنسي في إسطنبول .

في مدة أسبوع من وصول خبر وفاة «فابر» ، رحل «ميشيل» من إسطنبول إلى فارس ، حاملاً معه كمرجع وحيد لسلطته ، رسائل من السفير «دي فيريول» ، ويرافقه ترجمان ومرافق عسكري وخادمان .

انطلقت «ماري بِتي» تحت حراسة فارسية من «يريفان» إلى تبريز ، والتي تبعد عن العاصمة أصفهان مسيرة أربعة وعشرين يوماً .

وصل «ميشيل» كذلك إلى تبريز في شهر ديسمبر عام ١٧٠٦م ، قادماً من إسطنبول ، وقد قطع المسافة في ثمانية وثلاثين يوماً .

سكن «ميشيل» في البيت الذي كانت «ماري بِتي» تسكن فيه ، حيث لم تكن في البيت آنذاك ، وعند عودتها اضطرت إلى طلب بيت آخر من الفرس لتسكن فيه ، وحصلت عليه .

وصل كذلك إلى تبريز «جوزيف فابر» ابن الراحل «فابر» ، ومعه الفرنسيون وكذلك هدايا ملك فرنسا لملك فارس ، فاستقبلهم «ميشيل» ، فقبلوا أن يكون «ميشيل» رئيس البعثة الفرنسية ، وسلموا له هدايا ملك فرنسا .

بعد عدة أيام أرسل «ميشيل» سكرتيره «دوبييز» «Dubies» ليخبر «ماري بِتي» أن من الأفضل لهم

جميعاً أن يسكنوا معاً ، وستكون السكنى مريحة .
وافقت «ماري بِتي» حتى لا تبقى منفصلة .

في اليوم التالي ذهبت «ماري بِتي» إلى ذلك البيت ، وأقاما هناك لبضعة أيام ، يحظيان باحترام كبير بينهما ، ولكنها سرعان ما اكتشفت طيشه ونظراته غير المناسبة ، والخادشة لعفتها ، وأفهمته أن عليه أن يفكر في أيّ شيء آخر . تلك اللغة لم ترضه ، وجعلته في مزاج سيّئ ، حيث بدأ يزدريها ، ويلحق بها كل الشر الذي يستطيعه .

قام «ميشيل» وكتب رسالة إلى خان تبريز تملؤها الافتراءات والادعاءات ضد «ماري بتي» . طلب خان تبريز مقابلة «ماري بِتي» ، وفي المقابلة ، أخبرها خان تبريز بما قاله «ميشيل» فيها .

عندما عادت إلى البيت ، قالت «لميشيل» إن من العيب أن يعاملها بتلك الطريقة .

عند سماعه تلك الكلمات نسي نفسه قائلاً لها إنها لابد أن تزحف أمامه ، وأن لديه السلطة ليعيدها إلى فرنسا ، وأصدر مباشرة أوامره التي قد تلقاها من «دي فيريول» .

ردّت «ماري بِتي» على «ميشيل» قائلة ، بأن نيتها كانت العودة إلى فرنسا ، وأنها ستذعن دائماً لأوامر ملك فرنسا والسفير «دي فيريول» ، ولكنه لن يكون من الإنصاف أن يتوجب عليها أن تترك فارس دون أن تُدفع لها المبالغ المستدانة منها ، حيث لديها الحكم الذي أخذته من خان «يريفان» .

في اليوم التالي ، أمر «ميشيل» ، الذي كان

ساخطاً بشدة على «ماري بِتي» ، الجنود أن يحتجزوها في غرفتها ، حيث كانت مريضة ، طريحة الفراش .

تحاملت «ماري بِتي» على نفسها ، وقامت بسؤال «ميشيل» عن سبب اعتقاله لها . كان جواب «ميشيل» «لماري بِتي» ، أنه سيرسلها في الصباح التالي عند الساعة التاسعة صباحاً إلى فرنسا .

في صباح اليوم التالي ، وفي غياب «ماري بِتي» دخـل «ميشـيل» غرفتها ومعـه عدد من الأشخاص ، وأخذ يجرد كل شيء لديها ، من ملابسها وممتلكاتها ، متخيّلاً أنه سيجد شيئاً يعود إلى الراحل «فابر» ، أو بعض الهدايا المرسلة إلى ملك فارس من قبل ملك فرنسا .

كان «ميشيل» يتمنى أن يجعل «ماري بِتي» مذنبة بالأشياء التي سرقتها ، لكنه لم يجد أيّ شيء ، بخلاف ما هو خاص بها . علم بعد ذلك أنها تركت ذلك البيت ، وذهبت لتعيش في مكان آخر ، فازداد استياؤه أكثر .

لم يستسلم «ميشيل» ، وكان يحاول أن تنسحب ليتخلص منها ، ولو بالظلم الذي يلحق بسمعة الأمة الفرنسية ، فبعد يومين قرّر أن يأتي وبيده سيفٌ ، ومعه مجموعة من الخدم إلى مكان سكنها لينفذ خطته السيئة ، ولكن وصلها تحذير عما سيقوم به «ميشيل» .

أرسلت «ماري بِتي» حراسها لإعلام خان تبريز ، والذي أرسل في الحال مائتين أو ثلاثمائة رجل ليمنعوا «ميشيل» ، فوجدوه في

الطريق مع قواته ، فأجبروه على العودة إلى منزله . كان خان تبريز قد تمت توصيته من قبل خان «يريفان» ، بحماية «ماري بِتي» .

غادر «ميشيل» تبريز ، بحجّة أنه سيقابل ملك فارس ، أما «ماري بِتي» فقد غادرت تبريز بعد أربعة أيام ، وبعد شهر من المسير ، وصلت إلى آمُل ، في قزوين في شمال فارس ، حيث كان ملك فارس مخيّماً في تلك البلدة .

في المكان الذي وصلت إليه في قزوين ، استقبلها أحد الوزراء بأمر من رئيس وزراء فارس ، وأخذها إلى خيمة أعدت لها .

في اليوم التالي قُدمت لها وجبة كبيرة ، وبعدها اصطحبها الوزير إلى خيمة رئيس الوزراء لمقابلته . هناك وجدت ترجمان الملك ،

والعديد من سادة البلاط الفارسي . طلبت من رئيس الوزراء أن يتوسل إلى ملك فارس ليعطيها إشعاراً بالسماح بسفرها نظراً للصعاب التي مرت بها ، ورحلتها التي قامت بها حتى وصلت إلى آمُل .

قال رئيس الوزراء بأن ذلك الأمر يبدو له صعباً ، ثمّ عرضت عليه السند الذي أعطي لها من السفير الفرنسي الراحل «فابر» وهو بقيمة ثمانية آلاف ليرة فرنسية مع الحكم الذي صدر بأمر من محكمة «يريفان» .

من خيمة رئيس الوزراء أُخذت «ماري بِتي» إلى حيث تقيم زوجة رئيس الوزراء ، لمقابلتها ، وكل السيدات اللاتي أردن رؤيتها .

تلقت «ماري بِتي» كل الاحترام الممكن ،

وبقيت هناك حتى السابعة مساءً ، وحينها أتى رئيس الوزراء عائداً من بلاط ملك فارس ، وأخبرها أن الملك منحها السماح بالسفر ، وأن بإمكانها العودة إلى فرنسا عن طريق جورجيا كما طلبت .

أحضر رئيس الوزراء معه ما قيمته ألف وثمانمائة ليرة فرنسية ، أحضرت من الخزانة الملكية الفارسية .

في اليوم التالي ، أحضر ترجمان الملك الفارسي «ماري بِتي» ، الإشعار بالمغادرة ، كما أحضر أمراً لخان «يريفان» بتنفيذ الحكم الذي أُصدر بحق السند الذي هو بقيمة ثمانية آلاف ليرة فرنسية من جهة ، وكذلك الذي هو بقيمة أربعة آلاف ومائتي ليرة فرنسية والذي صدر

لها من محكمة «يريفان» ، وسلمت كلها لرئيس التشريفات ، والذي رافق «ماري بِتي» ليتأكد من تنفيذ ذلك الأمر .

في خيمتها ، استقبلت «ماري بتي» الوزير الذي أنبأها أن «ميشيل» قد وصل إلى قرية قريبة من بلدة آمُل ، والذي كان قادماً إلى بلاط ملك فارس .

وصل الخبر إلى ملك فارس ، فأمر بإلزام «ميشيل» وتقفي خطواته ، خشية من سفك الدماء حسب علم ملك فارس بما حاول «ميشيل» القيام به تجاه «ماري بِتي» ، وقد تمّ تحضير ستمائة جندي فارسي لتلك المهمة .

علمت «ماري بِتي» بتلك الحملة ذات العدد الهائل من الجنود ، وأن الفرنسيين سيهلكون

إذا نُفّذ ذلك الأمر ، وتوسّلت لرئيس الوزراء حتى يخفّفه ، رغم توقعها أن «ميشيل» لن يخفق في اتّهامها بالتورط في ذلك الأمر .

مُنحت «ماري بِتي» الاسترحام الذي طلبته ، وبدلاً من ستمائة رجل ، انطلق ستون فقط لملاقاة «ميشيل» ، وأوقفوه في القرية التي كان بها .

أراد «ميشيل» أن يذهب إلى بلاط ملك فارس ، وليس لديه أوراق اعتماد يريها للوزراء ، لذلك ، تلقى أمراً بالعودة إلى الجهة التي أتى منها .

عاد «ميشيل» إلى تبريز ، وهناك كانت «ماري بِتي» التي عادت لتوّها من البلاط الفارسي ، قد وصلت قبله ببضعة أيام .

كانت «ماري بِتي» مريضة ، واتصلت «بميشيل»

طالبة منه ، أن يسامحها عن تصرفاتها ، حيث إنها سترحل إلى فرنسا حسب أوامر خان تبريز .

طلبت «ماري بِتي» من «ميشيل» أن يعطيها حراسة ، ومصاريف للسفر ، فوضع لها شخصين لحمايتها ، وصرف لها بعض النقود الأوروبية ، وأعطاها سنداً بمبلغ اثنتي عشر ألف ومائتي ليرة فرنسية ، ليصرف لها في حلب ، مقابل فك رهن مقتنيات الراحل «فابر» ، واستلم منها المقتنيات .

رحلت «ماري بِتي» يوم الثامن من شهر يوليو عام ١٧٠٧م ، سالكة طريق العودة إلى فرنسا ، أما «ميشيل» فقد عاد إلى «يريفان» حيث كان يطالب خان «يريفان» بتعويضات عن الأضرار التي لحقت بالبعثة الفرنسية في السنة السابقة ،

وإذا به يتسلم رسالة من السفير الفرنسي في إسطنبول «دي فيريول» ، تطالبه بالعودة إلى إسطنبول ، فلم يستجب لذلك الطلب .

في بداية شهر مارس عام ١٧٠٨م ، وصلت الموافقة من بلاط ملك فارس إلى خان «يريفان» بالسماح «لميشيل» بالسفر إلى أصفهان ، وطلب من خان تبريز أن يعطيه جمالاً وخيولاً ليركبها هو ومن معه .

سافر «ميشيل» إلى أصفهان ، والتي وصلها في منتصف شهر مايو عام ١٧٠٨م ، وتمّ استقباله بالترحيب من قبل رئيس التشريفات ، وحاكم أصفهان .

عند مقابلة ملك فارس «لميشيل» ، ذكر ملك فارس بأنه ينوي إرسال بعثة دبلوماسية فارسية

إلى فرنسا ، وخلال اجتماعه مع رئيس الوزراء الفارسي ، تمت مناقشة كل الأمور المتعلقة بين فرنسا وفارس .

رحل «ميشيل» من أصفهان في شهر أكتوبر عام ١٧٠٨م ، متوجهاً إلى إسطنبول .

٥

لا تزال «ماري بِتي» تلاحق دَيْنها

عندما وصل «ميشيل» إلى إسطنبول أخذ يتقصّى أخبار وصول «ماري بِتي» إلى فرنسا ، وكانت على وشك الوصول إلى هناك . كان «ميشيل» متخوّفاً مما ستقوله عنه لدى السلطات الحكومية في فرنسا .

في التاسع من شهر فبراير عام ١٧٠٨م ، وصلت «ماري بِتي» إلى «مرسيليا» ، وكانت

متعبة ومريضة ، فدخلت مستشفى المدينة ،
للعلاج وأخذ قسط من الراحة .

بينما «ماري بِتي» تتلقّى العلاج في مستشفى
مدينة «مرسيليا» ، أخذت تتّصل بتجار حلب
في مدينة «مرسيليا» ، عارضة عليهم السند
الذي تلقّته من «ميشيل» ، مقابل مطالبتها
بالدَّيْن الذي هو على «فابر» الراحل ، ليأتيها
الردّ من جميع التجار ، بأن السند لا قيمة له ،
حيث إن الجهة المحوّل إليها السند في حلب ، لا
وجود لها .

بعد أن خسرت صحتها ، ومالها ، قرّرت
«ماري بِتي» أن تتابع مطالبتها بمالها ، لدى
وزارة الخارجية الفرنسيّة في باريس ، لكن وزارة
الخارجية قد تلقّت تقارير من قبل «دي فيريول»

و«ميشيل» يتّهمان «ماري بِتي» باتّهامات باطلة تسيء إلى سمعة الأمة الفرنسية .

انتهى حُلم «ماري بِتي» بعد أن اقتحم المستشفى مجموعة من الرجال ، قالوا إنهم من قبل الحكومة الفرنسية ، ولديهم أمر من قبل الملك «لويس الرابع عشر» ، لاقتيادها إلى حيث لا تعلم . تدخلت إدارة المستشفى ، مطالبة بإثبات ذلك الأمر .

عرضت تلك المجموعة من الرجال الأمر الصادر من الملك ، بتاريخ الحادي والعشرين من شهر مارس عام ١٧٠٩م ، إلى «دي مونتمور» «De Montmort» مفوض الملك ، طالباً منه أن يضع «ماري بِتي» في دير الراهبات . لكن «ماري بِتي» ، قد تمّ اقتيادها إلى ملجأ تودع

فيه النساء الفقيرات والنساء التائبات ، لكنها موقوفة .

هدأت «ماري بِتي» ، واستسلمت ، حيث فقدت كل شيء إلاَّ أملاً واحداً ، أن تكتب لملك فرنسا .

في الأول من شهر إبريل عام ١٧٠٩م ، كتبت «ماري بِتي» إلى الملك ، تعتذر عن الصراحة التي تأخذها في الكتابة إليه وإرسال رسالة إليه .

تقـول «ماري بِتي» في رسالتـها إلى السـيد «دي مونتمور» مفوض الملك ، إنها بريئة ، وسُجنت بأمر مـن وزيـر الدولـة السـيد «دي بونتشارترين» «De Pontchartrain» ، وبأنها تطلب من الملك أن يستمع إلى أسبابها ، وإذا حكم بأنها مذنبة ، فإنها لا تطلب رحمة لها ، ولكن معاقبتها .

في بداية شهر سبتمبر عام ١٧٠٩م ، رست السفينة التي كانت تقلّ «ميشيل» في ميناء «تولون» ، وتوجه إلى «مرسيليا» ، حيث أنه من سكانها ، فوجد بها أخباراً مدهشة ، اضطرّته إلى أن يرحل إلى باريس ، حيث علم أن «ماري بِتي» قد قدّمت مذكّرة لوزارة الخارجية الفرنسية ، ضد «ميشيل» الذي خدعها بإعطائها سنداً مزيّفاً ، حيث خسرت كل أموالها .

رُفعت قضية ، ضد «ماري بِتي» ، أمام محكمة القيادة البحرية في «مرسيليا» بدعوى المآخذ المزعومة ضد «ماري بِتي» . أخذت «ماري بِتي» تبحث عن محام ، يقوم بالدفاع عنها ، وإذا بها تفاجأ أن «ميشيل» قد قام بالاتصال بالمسؤولين الضباط في مجلس النواب يستصدر أمراً ، بتجريدها من أمتعتها التي

كانت مقفلة ، وجعلها تعاني من أسوأ البلطجة والحرمان والقسوة .

لقد منعها «ميشيل» من الاستعانة بمحامٍ ، ومن اختيار محامٍ ومدّع عام لتأكيد حقوقها وأسبابها ، كـل ذلك من خـلال استغلال سلطته ، وأوامر الملك ، لم تكن قادرة على الدفاع عن نفسها ضد مضطهديها ، حتى عيّن الملك قضاة ، يقومون بالدفاع عنها .

في أوّل يوم من المرافعات ، حضر جميع أطراف القضية ، ولم تُعطِ «ماري بِتي» ، فرصة للمحامي الذي جاء ليترافع عنها ، وأخذت تؤكّد دعواها ، والمطالبة بالدّيْن الذي هو على «فابر» الراحل ، والذي يبلغ اثنتي عشر ألف ومائتي ليرة فرنسية .

تقول «ماري بِتي» إن «ميشيل» قد أعطاها سنداً مقابل تسليمه مقتنيات «فابر» الراحل ، والذي كانت السلطات الفرنسية ستسلمها تلك المبالغ ، وقد قام «ميشيل» بإلغاء ذلك السند .

سأل قاضي المحكمة «ميشيل» عن سبب إلغائه ذلك السند ، والذي وضع توقيعه عليه ، ردّ «ميشيل» ودون أن يعطي للمحامي أيّ فرصة للرد ، قائلاً : «إنه توقيع مجاملة في ظرف قاهر» .

انهارت «ماري بِتي» ، وأخذت تبكي ، لقد كانت متعبة ، مما تعانيه من النزيلات في ذلك الملجأ .

على مدى عدّة جلسات في المحكمة بين الاعتراض والرد ، كانت «ماري بِتي» تتلقّى تلك

الاتهامات من قبل «ميشيل» ، وهي تحاول الرد دون إثبات ، حيث كان محامي «ميشيل» يعلن تلك الاتّهامات ، أما محامي «ماري بِتي» والذي كان معظم الوقت مستمعاً ، حيث إنه مكلف من قبل الحكومة .

كانت اتّهامات «ميشيل» «لماري بِتي» كالتالي :

* منحها لقب بغي الراحل «فابر» .

* لقد قامت بممارسة الدعارة مع الأشخاص الموجودين في السلطة في كل البلد ، الذين قاموا بحمايتها رغبة في الشهوات بدلاً من الدوافع العدلية .

* يقول إنه يبدو من غير المحتمل ، حين تمّ تحويلها ليلاً لتلعب دور العاهرة (يتحدث عن خليلها «فابر») التي أقرضته هذا المبلغ ،

بينما كان لدى «فابر» ثلاثة أشقاء أقاموا في «مرسيليا» وكان بإمكانهم إقراضه مبالغ أكبر .

* يقول «ميشيل» : تدرك أنها لم تذهب إلى «مولين» ولكنها تابعت «فابر» من باريس ، ولم تتركه أبداً حتى وجدت أنه من الجيد التخلص منه ، ويتهمها بقتله .

* عاد «ميشيل» إلى ما قالته «ماري بِتي» عن سلة الفاكهة مع «جوستنياني» وحقيقة إنقاذ الأب «دي مونيي» . بالنسبة «لميشيل» ، فهي خطيرة عندما تفقد أعصابها ، وهي لا تحترم أحداً ، ولديها الجرأة والوقاحة في حمل السلاح ضد من يقف ضدها .

* ووفقاً «لميشيل» ، فأقوال «ماري بِتي»، مجرد

تلفيق من الأكاذيب ، وقال : «الفرس ليس لديهم أي قلب رقيق للغاية ، وحتى لو كانت قد هددت باتباع الأب «دي مونيي» إلى حبل المشنقة ، فمن السُخْف الاعتقاد أن الخان قد تراجع عن ذلك ، وهذا سيثبت تلك السلطة التي كانت تتمتّع بها في ذلك البلد ، وكيف كان من الضروري إرسالها إلى فرنسا» .

* بعد عرض بعض الحقائق من قبل محامي «ماري بِتي» ، جاء الرد من «ميشيل» قائلاً : تلك الحقائق لا تنصفها ، بل توضح أنها عاشت مع خان «يريفان» بنفس طريقة عيشها مع «فابر» .

* أثبتت «ماري بِتي» أن الأوراق الخاصة

التي أحضرتها واعترف بها الشهود ،
يتخلى «ميشيل» عنها ، ويصر على أنها
ملفَّقة كليّاً أو جزئيّاً ، وأنها بلا تاريخ ،
كما أنه ينافس الشخص الذي كتبه لها ،
وهو ليس الأصل .

* ووفقاً «لميشيل» فقد قال : «ثارت «ماري بِتي»
ضد مصالح فرنسا ، وقد تسبّبت ثورتها في
العديد من الاضطرابات في بلاد فارس ،
كانت دائماً عدوة فرنسا» .

* يقـول «ميشيل» بأنه منعها من الذهاب إلى
بلاط ملك فارس ، حيث قالت ، إنها ستكون
مسلمة ، وستقوم بشنق جميع المبشرين في بلاد
فارس ، وستقوم بكشف الطريقة التي يختبئ
بها المبشِّرون لتعميد الأطفال في فارس .

* يدّعي «ميشيل» بأنها لا تشرف ولا حتى والديها .

* يقول محامي «ميشيل» أن «ميشيل» يذكر أن «ماري بِتي» تطالب بثمانية آلاف ومائتي ليرة فرنسية من «فابر» ، وأن ذلك المبلغ هو نتيجة لدعارتها ، واعتبارها خليلة في أكثر من بلد ، مما يجعل ذلك غير قانوني في أكثر من بلد ، وكذلك حياتها في عدة ممالك ، مما يجعلها غير صالحة وفقاً لعدة قوانين .

في رسالة «آن كاتارو» أرملة «فابر» للوزارة ، والمؤرخة في الثامن والعشرين من شهر مارس عام ١٧١١م ، والمحاكمة جارية ، و«ماري بِتي» لا تزال تقبع في السجن ، حيث ملجأ النساء

التائبات ، تتهم «آن كاتارو» فيها السفير «فيريول» ، وتتحدث عن نفسها قائلة :

«تلك المرأة ، والتي أصبحت غنية من تركة زوجها فيجب أن لا تكون الوريث الوحيد من ممتلكاته» .

تؤكد «آن كاتارو» حق «ماري بِتي» في ميراث زوجها «فابر» .

قدمت «آن كاتارو» أرملة «فابر» للوزارة شكوى ، ليس ضد «ماري بِتي» وإنما ضد «فيريول» و«ميشيل» .

أطلق سراح «ماري بِتي» من سجنها في نهاية عام ١٧١٣م ، لكن القضية لم تنتهِ ، فقد كتب وزير الدولة «دي بونتشارترين» بتاريخ الثامن من شهر مارس عام ١٧١٤م ، رسالة للسيد «أرنول»

«Arnol» المشرف القانوني «لمرسيليا» ، يؤكد فيها أن قضية «ماري بِتي» قد حكم فيها ، وأن نهايتها غير واضحة ، وقال :

«يتعيّن عليّ أن أحدثك عن «ماري بِتي» ، فلا داعي أن تجاوبني ، لأنك خبرت قضيتها ولا يجب أن تستمر في النظر في تلك الدعوى ، والاقتراح هو كيف إنهاء القضية بوضوح وبدون استئناف ، ولهذا الهدف ، فإنها (ماري بِتي) قد خفضت المبلغ الذي يجب أن يدفع لها إلى ثمانية آلاف ليرة فرنسية فقط ، وتفضل أن يكون من الممتلكات المنقولة من ميراث السيد «فابر» .

بعد إحدى عشرة سنة من المطالبة ، لا تزال «ماري بِتي» تلاحق دَيْنها .

المصادر والمراجع

1. Letters from the National Archives of France and from the Archives of the Foreign Affairs.

1.1 : From the National Archives of France, Paris, See https://www.siv.archives-nationales. culture.gouv.fr/siv/rechercheconsultation/ consultation/ir/pdfUD.action?irId=FRAN_ IR_003977&udId=d_9

- AE/B/I/384 Folio 363 (14 pp.)

- AE/B/I/384 Folio 370 (4 pp.)

- AE/B/I/384 Folio 372 (3 pp.)

- AE/B/I/384 Folio 402 (2 pp.)

- AE/B/I/384 Folio 409 (10 pp.)

- AE/B/I/384 Folio 414 (2 pp.)

- AE/B/I/384 Folio 416 (3 pp.)

- AE/B/I/384 Folio 418 (3 pp.)

- AE/B/I/384 Folio 420 (7 pp.)

- AE/B/I/384 Folio 426 (3 pp.)

- AE/B/I/385 Folio 7-8 (8 pp.)

- AE/B/I/385 Folio 39 (14 pp.)

1.2 : From the Ministry of Foreign Affairs Archives (La Courneuve).

1.2.1 : Correspondance politique CP, Perse, Volume 2 (new classification 101CP/2 - microfilm P3397).

- AE CP Perse 2, Fol. 22-23v.

- AE CP Perse 2, Fol. 139v-140v.

- AE CP Perse 2, Fol. 51.

- AE CP Perse 2, Fol. 52.

- AE CP Perse 2, Fol. 53-55r.

- AE CP Perse 2, Fol. 56-58r.

- AE CP Perse 2, Fol. 59.

- AE CP Perse 2, Fol. 60-61r.

- AE CP Perse 2, Fol. 79-80v.
- AE CP Perse 2, Fol. 84-86r.
- AE CP Perse 2, Fol. 92.
- AE CP Perse 2, Fol. 93-94r.
- AE CP Perse 2, Fol.95.
- AE CP Perse 2, Fol. 96-97v.
- AE CP Perse 2, Fol. 100-101r.
- AE CP Perse 2, Fol. 108-111v.
- AE CP Perse 2, Fol. 120-123r.
- AE CP Perse 2, Fol. 124-125r.
- AE CP Perse 2, Fol. 155v-156r.
- AE CP Perse 2, Fol. 167.
- AE CP Perse 2, Fol. 169-171r.
- AE CP Perse 2, Fol. 173-174r.
- AE CP Perse 2, Fol. 177.
- AE CP Perse 2, Fol. 184.
- AE CP Perse 2, Fol. 191-192v.
- AE CP Perse 2, Fol. 193-194r.
- AE CP Perse 2, Fol. 204-205r.

- AE CP Perse 2, Fol. 206-207r.

- AE CP Perse 2, Fol. 208.

- AE CP Perse 2, Fol. 301-307r.

1.2.2 : Correspondance politique CP, Perse, Volume 3 (new classification 101CP/3 - microfilm P3398).

- AE CP Perse 3, Fol. 109.
- AE CP Perse 3, Fol. 444-445r.
- AE CP Perse 3, Fol. 31-34r.
- AE CP Perse 3, Fol. 241v-246r.
- AE CP Perse 3, Fol. 263v-266v.
- AE CP Perse 3, Fol. 50v-52v.

2. Mémoire du Sieur Michel ([manuscript] Bibliothèque nationale de France, BNF Français 7200).

3. Mémoire pour servir d'instruction au procès de Michel contre Marie Petit ([printed] AE, Correspondance politique, Perse, 2, Fol. 277 to Fol. 294.

4. [Eydoux, lawyer] Mémoire pour servir d'instruction au procès de demoiselle Marie Petit querellée en prétenduë vie licentieuse… contre … Pierre Victor Michel…, [Paris?], De l›Imprimerie de la veuve d›Henry Brebion, 1710 [Printed], AE, Correspondance politique, Perse, 2, Fol 255 to Fol. 276.

(Also at the Fisher Rare Book library, Toronto, classification Rare Book D-10 07485, catalogue key 216775).

5. Addition au Mémoire instructif du Sieur Pierre Victor Michel… à Marie Petit] printed].

AE, Correspondance politique, Perse, 2, Fol. 241 to Fol. 254.

(Also at the BnF, Bibliothèque nationale de France, classification Département des Manuscrits, Erudits et Bibliophiles, Clairambault 993, division P.623).

6. Réponse de Demoiselle Marie Petit contre l'Addition au Mémoire instructif du Sieur Victor Michel [printed] AE, Correspondance politique, Perse, 2, Fol. 235 to Fol. 240.

7. Henriette Dussourd - La Brelandière. Une aventurière d'origine moulinoise, Moulins, Les imprimeries réunies, 1966.

8. R. de Maulde la Clavière - Les 1001 nuits d'une Ambassadrice de Louis XIV, Paris, Hachette, 3e édition.

9. Notice rédigée par Audiffret sur la vie et les ouvrages de Le Sage, Paris, 1825, pages 77-89.

10. Yvonne Grés - La belle Brelandière, Scemi, 1973.

11. Henri Aurenche et Louis Coquet – La Brelandière, ambassadrice du Roi Soleil, Paris, Nouvelles éditions latines, 1945.

12. Parenque, Probasco and Jowitt – Colonization, piracy and trade in early modern Europe, 2017, Part II, Chapter 7 «The Princesses' Representative» or Renegade Entrepreneur ? Marie Petit, the Silk Trade, and Franco-Persian Diplomacy, by Junko Thérèse Takeda, pages 141-166.

13. The Cambridge History of Iran - The Timurid and Safavid Periods , Volume 6, pages 405-406, 466-467.

14. [Emile Varenbergh] – Correspondance du marquis de Ferriol, ambassadeur de Louis XIV à Constantinople, from Annales de 15. l'Académie d'archéologie de Belgique, Volume XXVI, pp. 481 à 865.

15. Anne-Marie Touzard - Le drogman Padery, émissaire de France en Perse (1719-1725), Paris, Paul Geuthner, 2005.

16. Laurence Lockhart, The Fall of The Safavi Dynasty and The Afghan Occupation of Persia, Cambridge university Press, Cambridge, UK, 1958, pp. 230-260.